ÉTAT

DE LA

QUESTION D'AFRIQUE.

RÉPONSE

A LA BROCHURE DE M. LE GÉNÉRAL BUGEAUD

INTITULÉE : *L'ALGÉRIE,*

PAR

M. GUSTAVE DE BEAUMONT,

MEMBRE DE LA CHAMBRE DES DÉPUTÉS.

———— • ————

PARIS

LIBRAIRIE DE PAULIN,

RUE DE SEINE, 33.

——

1843.

AVANT-PROPOS.

Dans le courant de septembre dernier, M. le général Bugeaud, gouverneur-général de l'Algérie, a publié une brochure : *L'Algérie, du Moyen de conserver et d'utiliser cette conquête.* Il m'a paru que cette œuvre à laquelle le poste et le caractère de son auteur donnaient tant de gravité, contenait un certain nombre de propositions, les unes contestables, les autres dangereuses, qu'il importait de combattre avec la plus grande publicité possible. Dans cette conviction, j'ai adressé à M. le rédacteur en chef du *Siècle* une série de lettres, qui ont paru séparément, et dont j'ai pensé que la réunion en un seul corps pouvait être utile au moment où la Chambre va, par la discussion des crédits supplémentaires et extraordinaires, être saisie de nouveau de la grande affaire de notre établissement en Algérie.

GUSTAVE DE BEAUMONT,
Député de la Sarthe.

Paris, 18 mars 1843.

ÉTAT

DE

LA QUESTION D'AFRIQUE.

———

I.

Le gouverneur-général de l'Algérie a publié récemment un écrit intitulé : *Des Moyens de conserver et d'utiliser notre conquête en Algérie.* L'attention publique en a été vivement excitée : la polémique s'en est saisie ; tous les échos de la presse en ont retenti ; cependant le pays en a été moins ému qu'il n'aurait dû l'être. Le moment me paraît opportun de reprendre l'examen de cette question d'Afrique, la plus grosse affaire de la France, la plus belle selon moi et la plus grande ; mais aussi la plus difficile, et sur laquelle s'amassent des orages dont, au lieu de détourner ses regards, il serait plus sage de sonder l'épaisseur.

Soit que M. le général Bugeaud exprime la pensée du ministre dont il dépend, soit que les idées qu'il expose lui soient propres, la publication de son livre est un événement considérable. Ce livre contient, en effet, un ensemble de vues, non-seulement sur la guerre d'Afrique, mais encore sur la colonisation de ce pays, sur le commerce, sur l'organisation politique, administrative et financière de l'Algérie. On conçoit la gravité d'un tel manifeste, si c'est le plan du ministère.

L'importance n'en est pas moindre si le ministère n'y est pour rien ; car, en supposant que le ministère blâme les idées du gouverneur-général, comment en arrêterait-il l'exécution quand il n'en a pas empêché l'annonce ? L'opinion du gouverneur-général de l'Algérie n'est pas l'avis d'un homme d'état, proposant pour le gouvernement de l'Afrique un plan de conduite sujet à examen, et qui sera ou ne sera pas mis en pratique ; c'est le système de celui qui est tout à la fois la tête et le bras, qui agit en même temps qu'il pense ; dont l'idée, vraie ou fausse, est aussitôt convertie en fait ; c'est la théorie en action ; c'est le plan d'un subordonné, mais d'un subordonné qui commande et qui est excusable d'avoir un système si son supérieur n'en a pas.

M. le général Bugeaud établit dans sa brochure, avec une grande netteté, un certain nombre de propositions qui peuvent se résumer ainsi qu'il suit :

« Pour soumettre les tribus indigènes de l'Algérie, il a fallu une armée de 75,000 hommes. Une armée égale est nécessaire pour les maintenir dans la soumission.

« Abd-el-Kader est détruit, et sa puissance est renversée ; mais on s'est bercé d'une folle illusion lorsqu'on a cru que, cette ruine étant opérée, nous pourrions ramener en France une partie de nos forces. Si l'on veut examiner attentivement l'état social des populations arabes, éparpillées sur un immense territoire, on reconnaîtra qu'il est moins difficile de les vaincre que de les tenir sous le joug.

« Non-seulement 75,000 hommes ne sont pas trop ; mais, à vrai dire, c'est 80,000 hommes qu'il faut. Et même il serait d'une bonne politique de grossir ce dernier chiffre plutôt que de le diminuer.

« Du reste, il ne faut ni s'alarmer de cette continuité de charges, ni en craindre l'accroissement. Une bonne administration tirera bientôt de l'Algérie les 70 ou 80 millions qu'elle nous coûte ; mais si l'on veut atteindre ce but, il faut se bien garder de diminuer l'armée. 30,000 hommes coûteraient

bien plus cher que 80,000 ; avec 30,000 hommes on ne dominerait pas en Afrique ; avec 80,000, habilement appliqués à
la guerre et à la colonisation, on créera bientôt des recettes
égales aux dépenses.

« L'armée est tout en Afrique ; elle seule a détruit, elle
seule peut édifier. Elle seule a conquis le sol ; elle seule le
fécondera par la culture, et pourra, par de grands travaux
publics, le préparer à recevoir une nombreuse population
civile.

« Pour qu'elle accomplisse cette double tâche, il ne faut
que deux choses ; maintenir son effectif au chiffre actuel, et
conserver en Afrique le régime militaire qui y est en vigueur.
Ce dernier point est le plus important. Comme l'armée est
tout en Afrique, il n'y a là de pouvoir possible que le pouvoir
militaire.

« Ainsi, diminuer l'armée d'Afrique, et changer le régime
militaire qui y est établi, ce serait non-seulement annuler les
bons effets de la guerre, mais encore étouffer dans son germe
la colonisation. »

On a dit souvent que l'un des malheurs de l'Afrique était
que, pour la gouverner, il n'y eût point de système. Certes ;
il faut reconnaître que voici un système ; on reconnaît aussi
en l'examinant qu'il n'en pouvait être conçu un plus désas-
treux pour la France et plus funeste à l'Algérie elle-même.

Mais avant de repousser le plan de M. le général Bugeaud,
j'ai besoin de déclarer et je déclare hautement que si ce plan,
tout onéreux qu'il est pour nos finances, me paraissait indis-
pensable à l'établissement de notre empire en Afrique, je
l'accepterais sans hésiter ; car à mes yeux il y a, pour un pays
comme la France, quelque chose de pire que le sacrifice de
80 millions pendant dix ou vingt années. Ce qui est pire,
c'est de ne rien tenter de grand ; c'est, après avoir poursuivi
longtemps une entreprise, de l'abandonner avec aveu d'im-
puissance ; c'est, quand on a voulu s'étendre au loin, de se
replier sur soi-même et de se voir condamné à une triste

inertie, troublée par le souvenir d'un passé plein d'action et de gloire; c'est de ne pouvoir plus être ni capable de grandes choses, ni résigné à n'en plus faire.

Mais, à mes yeux, le vice du système de M. le général Bugeaud, ce n'est pas d'être une source de ruine pour la France; c'est, en ruinant la France, d'être funeste à l'Afrique.

On trouve mêlées sans cesse dans la brochure de M. le général Bugeaud, deux questions très distinctes et qu'il importe de séparer : l'une est la guerre, l'autre la colonisation. D'une part, la nécessité d'une armée de 80,000 hommes contre les Arales soumis ou indomptés ; d'un autre côté, le besoin de la même armée pour les travaux destinés à féconder la conquête.

Et d'abord, faut-il pour maintenir sous le joug les tribus arabes, une armée de 80,000 hommes?

Sur ce point je voudrais n'exprimer que des doutes; car c'est un sujet sur lequel les hommes de guerre semblent seuls compétents. Mais s'il est vrai qu'il nous faille, pour tenir les Arabes dans l'obéissance, conserver la même armée employée à les vaincre, je demanderai s'il est une autre question où le gouvernement se soit ainsi joué de l'opinion publique?

Combien de fois le ministère a-t-il dit au pays : « Encore une campagne, encore un sacrifice, c'est-à-dire encore des hommes et de l'argent, et nous dominerons sans peine en Afrique ; et une partie de l'armée sera rappelée ; et le budget de l'Algérie sera ramené à son chiffre normal. » Ce langage, on le tient en 1837, et l'armée, qui était de 29,000 hommes, est portée à 40,000. On le renouvelle en 1839, et 50,000 hommes sont envoyés en Afrique au lieu de 40. Les mêmes paroles sont répétées en 1840 et en 1841, et le chiffre de l'armée est élevé d'abord à 60,000, puis à 72,000 hommes. Et toujours les mêmes assurances sont suivies des mêmes désappointements. Enfin en 1842 on élève la voix avec une nouvelle force : les engagements sont pris encore plus solennellement. Il ne faut plus qu'un grand coup pour détruire de fond en comble la puissance d'Abd-el-Kader. Encore cet effort, et désormais notre domination en Afrique ne sera ni difficile ni dispendieuse. Le pays le croit encore et ne refuse rien de ce qu'on lui demande; il donne 78,000 hommes pour l'armée d'Afrique et 80 millions, et cette fois il aura sans doute à s'applaudir de sa confiance. Le but n'est-il pas atteint? On ne parle que de succès et de triomphes, de tribus soûmises, de pacification générale. « Notre domination, dit M. le général « Bugeaud, commence à s'établir. *La ruine d'Abd-el-Kader « en était le premier degré : elle est consommée* (1). » Fort bien. Mais en même temps qu'on nous annonce la ruine d'Abd-el-Kader et la soumission des indigènes, voici le vainqueur qui nous prévient officiellement qu'il y a lieu non de réduire l'armée, mais de l'augmenter; non de diminuer les dépenses, mais de les accroître.

Eh quoi! il nous faudra toujours une armée de 80,000 hommes pour dominer dans ce pays où les Turcs, avec 12,000 hommes, exerçaient un empire non contesté. Et nous-mêmes, de 1830 à 1837, n'y avons-nous pas été maîtres avec une armée moindre de 30,000 hommes? Tant de succès éclatants, tant de glorieux combats, tant de sang répandu, tant d'or dépensé depuis douze ans, n'ont-ils donc abouti qu'à nous rendre plus faibles que nous ne l'étions avant? Si nos armes n'ont pas failli en Afrique, quelle y a donc été notre politique? Quel génie funeste y conduit donc notre fortune? et que s'est-il passé depuis quelques années pour que la victoire y soit suivie des mêmes effets qu'aurait pu y amener le plus déplorable échec?

Mais si le pays a été aussi amèrement trompé, quel sera donc le terme des déceptions? Jusque-là, dites-vous, on abusait la France, je le vois bien. Mais est-ce la vérité qu'on lui dit aujourd'hui, ou de nouvelles erreurs qu'on lui présente? Et d'abord, est-il bien vrai qu'Abd-el-Kader soit dé-

____

(1) V. p. 124 de la brochure.

truit, comme vous le dites? S'il est renversé, pourquoi donc la nouvelle campagne qui vient d'avoir lieu? pourquoi l'expédition déjà annoncée du printemps prochain? Pourquoi cette continuité de petites campagnes, en attendant les grandes? Si Abd-el-Kader est encore puissant, comment avez-vous pu le déclarer anéanti? s'il est abattu, pourquoi la nécessité de 80,000 hommes pour le combattre? Pendant longtemps on a trompé la France en lui persuadant qu'elle dominerait en Afrique avec 15,000 hommes. Serait-ce une autre manière de l'abuser que de lui faire croire qu'il faut 80,000 hommes pour conserver l'Algérie comme pour la dompter? Ce système serait à la vérité très-agréable à certaines gens, aux yeux desquels ce qui importe, ce n'est pas que nous soyons forts en Afrique, mais que nous soyons faibles en Europe.

Cependant que penser au milieu de cette obscurité? Comment se reconnaître dans ce conflit d'assertions et de faits contradictoires? Où est le vrai?

Peut-être la confusion vient-elle surtout de ce que l'on ne s'entend pas bien sur le sens de ces mots : *La soumission des Arabes.* Peut-être en expliquant cette expression, mettrait-on d'accord ceux qui disent que l'Algérie est soumise, et les faits qui déclarent qu'elle ne l'est pas.

Faut-il par soumission entendre l'acte des tribus reconnaissant leur défaite et notre puissance? Oui, en ce sens les provinces de l'ouest sont soumises; oui, les tribus arabes ont été vaincues partout où elles ont vu notre armée. M. le général Bugeaud leur a fait la plus terrible guerre qu'elles eussent encore essuyée. Honneur à lui! Jamais nos armes n'ont été plus fortes et plus glorieuses que sous son commandement; jamais la guerre n'a été plus heureusement et plus habilement conduite par un général français. Toutes les fois que l'armée française ainsi commandée rencontrera les tribus arabes ou les ira chercher, elle en triomphera de même. Nos soldats le savent; les Arabes le savent aussi. Voilà le vrai résultat de la guerre ; voilà en quoi les Arabes sont soumis. Mais si l'on entend par la soumission des tribus arabes l'engagement sincère de déposer les armes, l'observation de la paix et l'hommage régulièrement rendu à notre puissance, alors, disons-le franchement, les Arabes ne sont pas soumis ; leur soumission est passive. Nous l'obtiendrons aussi souvent que nous pèserons sur elles de tout notre poids, et nous recevrons leur hommage annuel si chaque année nous recommençons deux ou trois fois nos courses à travers l'Afrique. Mais est-ce là ce que l'on peut appeler un pays pacifié ? Et loin de moi la pensée de vous blâmer pour avoir dit que l'Algérie était soumise. Elle l'a été par vous autant qu'elle pouvait l'être. Votre tort, c'est de vouloir la soumettre davantage ; ce n'est pas d'avoir mal fait la guerre, c'est de la faire toujours. Votre tort, c'est de poursuivre une pacification absolue qui ne serait possible qu'au prix de sacrifices insensés ; c'est après avoir vu un jour les tribus arabes à vos pieds, de vouloir les y ramener sans cesse.

Ah ! sans doute, je le comprends, si vous vous obstinez à la poursuite d'Abd-el-Kader ; si, après avoir abattu sa puissance, vous prétendez l'anéantir ; si, Abd-el-Kader étant détruit, vous vous prenez à Ben-Salem ou à tout autre successeur de l'émir ; si vous voulez exiger incessamment des preuves matérielles de soumission de ces mille petites tribus qui couvrent les montagnes et les vallées de l'Algérie ; si pour les atteindre vous vous ruez, *vous, taureau pesant* (je me sers de votre expression) (1), sur cette multitude de *guêpes* insaisissables, au lieu de les laisser dans leur guêpier ; si vous commettez cette faute énorme en Afrique de ne pas regarder comme un ami quiconque ne vous fait pas la guerre ; si, quand les tribus nomades vous manquent, vous tombez sur les populations sédentaires des Kabyles ; si en même temps que vos armes visitent ces populations vous prétendez les soumettre à des impôts réguliers, elles qui pour la plupart n'en ont jamais

(1). Voir page 25 de la brochure.

payé à personne, et qui depuis douze ans s'en considèrent comme affranchies; si vous châtiez à tort et à travers toutes celles auxquelles vous pouvez imputer un grief vrai ou imaginaire; si ce que vous faites ainsi, chacun de vos lieutenants, répandus çà et là, le fait de même sous l'inspiration de sa valeur guerrière ou de son ambition; ah! sans doute, si tel est votre système, vous avez raison de demander 80,000 hommes pour dominer les tribus de l'Algérie; il est vrai que 80,000 hommes ne seront pas trop pour une pareille tâche. Et j'ose vous faire une prédiction, c'est qu'un tel système, s'il se prolonge, exigera bientôt, non pas 80,000 hommes, mais 100,000, et un peu plus tard 150,000 hommes. Mais alors ne dites pas que vous demandez 80 ou 100,000 hommes pour maintenir la paix en Afrique, vous les voulez pour y faire la guerre, car c'est une guerre continue qu'avec un tel système vous aurez en Afrique.

Il y a deux manières de perdre l'Algérie. La France aurait pu perdre l'Afrique par l'occupation restreinte. Si elle se fût bornée à tenir quelques forts sur le littoral, elle en eût été probablement chassée quelque jour, comme les Espagnols le furent d'Oran.

La France peut aussi perdre l'Afrique par un système absolu d'occupation sans bornes; si, par exemple, afin de dominer partout et à chaque instant, on veut couvrir de soldats toute l'étendue et les moindres parties d'un pays qui n'a point de limites; si, pour l'exécution d'un plan qui exige habituellement 100,000 hommes et 100 millions, on dégoûte la France de sa conquête, en épuisant les deux sources principales de sa puissance dans le monde, ses finances et son armée.

Ce qui fait le danger de ce système, c'est qu'il pourrait trouver l'appui des partis les plus opposés; celui des conservateurs timorés, qui, voyant dans l'Algérie un embarras extérieur, seraient heureux qu'on s'en lassât; et les partisans de la dignité nationale qui seraient amenés à voir dans l'Afrique un obstacle à une bonne politique en Europe. Ne serait-ce pas le coup d'une politique habile si , en évacuant l'Algérie, on contentait tout à la fois la France et l'Angleterre?

M. le général Bugeaud a été le plus chaud partisan d'une occupation restreinte qui conduisait à l'abandon. Il reconnaît et proclame son erreur. Mais, par un chemin absolument opposé , il pourrait conduire la France au même but. Il faut espérer qu'il reconnaîtra bientôt, avec la même sincérité, cette autre erreur non moins dangereuse qui le pousse à s'agiter en Afrique aussi longtemps qu'il y voit un douair non exploré et une gourbi insoumise.

Dans une de ses pages remarquables, l'auteur de la brochure peint avec des traits pleins de force et de vérité l'état social et politique de ces tribus nomades ou sédentaires , Arabes ou Kabyles, dispersées çà et là, que nul lien politique ne rattache les unes aux autres, qu'aucun centre de population ne rassemble, que la possession d'aucune richesse mobilière ou immobilière ne compromet. Et il montre avec une évidence frappante la difficulté qu'il y a , si ce n'est avec une armée innombrable , d'agir sur tous ces individus isolés les uns des autres et de les atteindre dans leurs intérêts, aussi insaisissables que leurs personnes.

Comment donc M. le général Bugeaud , après avoir si bien posé les bases du problème , ne conclut-il pas qu'au lieu de s'agiter dans une multitude de petites entreprises contre ces forces éparpillées en Algérie , la seule chose à faire serait de grouper au milieu d'elles des masses imposantes, de surveiller plutôt que d'agir , d'attaquer rarement, d'attendre plutôt l'agression, en un mot, et pour reprendre une expression pittoresque et juste, au lieu de poursuivre toutes ces guêpes une à une, d'attendre qu'elles se forment en essaim pour fondre sur elles et les écraser?

Quand une colonne française s'avance en Afrique à travers le pays, tout lui est hostile : habitants, climat, soleil ou pluie, humidité de nuit, chaleur du jour. Pas un abri pour le repos; pas un aliment pour la faim. Tout, au contraire, favorise la marche des indigènes qui vivent de peu, et auxquels tout est ami sur le sol africain. Ce fait seul ne montre-t-il pas qu'au lieu de courir sans cesse après les Arabes qu'on ne peut jamais atteindre, une saine tactique conseillerait de les attendre dans le lieu où l'on est fort et inexpugnable ? Mais, dit-on, faut-il donc laisser s'établir sous nos yeux et en face de nous, une société arabe, qui, quand elle sera fortement organisée, deviendra menaçante et nous interdira de nous étendre en Afrique, si même elle ne nous en expulse pas ? — Non, il ne faut point laisser se réunir en faisceau ces tribus, faibles parce qu'elles sont isolées ; ne les inquiétez pas toujours, mais surveillez-les sans cesse ; aussi longtemps que vous voyez leurs forces éparses, ne craignez rien. Partout où des forces s'agglomèrent, allez, frappez, divisez. Si une ville se fonde, marchez vers elle et détruisez-la. Si une forteresse s'élève, si une manufacture d'armes s'établit, allez encore, et prouvez partout aux Arabes qu'aussi longtemps qu'ils voudront lutter contre vous, ils seront réduits à toutes les misères de la vie nomade, sans villes, sans demeure fixe, sans commerce. Mais, encore une fois, attendez pour porter vos coups, qu'il y ait quelque chose à frapper, et rappelez-vous ce que M. le général Bugeaud disait si justement au commencement de cette guerre : *C'est qu'on ne frappe pas de grands coups dans le vide.*

Et en même temps que vous interdisez aux populations arabes de rien édifier de durable et de grand, hâtez-vous de donner à votre établissement en Afrique la base du sol. Peuplez et fécondez les campagnes, poussez-y de profondes racines. A côté des sociétés musulmanes en déclin, placez la civilisation européenne dans toute sa puissance et toute sa richesse. Colonisez, appelez des populations nouvelles sur la terre d'Afrique. Prenez pour point de départ le littoral et poussez chaque jour un peu plus avant ; à chaque pas que vous faites, fortifiez-vous ; que chaque progrès soit irrévocable ; vous avancerez moins vite, mais vous ne reculerez jamais·

La colonisation, tel doit être l'objet constant de votre politique. Sans doute la guerre réclamera souvent encore votre temps et vos efforts ; mais alors même qu'elle sera nécessaire, faites-la encore en vue de la colonisation. Que la guerre en Afrique cesse d'être le but pour ne plus être que le moyen.

II.

M. le général Bugeaud, qui sans doute ne se dissimule pas tout ce qu'il y a d'étrange à demander 80,000 hommes pour l'Afrique, le jour même où il annonce la soumission de l'ennemi et la fin de la guerre, ajoute que ces 80,000 hommes sont surtout nécessaires pour mener à bien en Afrique la colonisation.

C'est là, il faut le reconnaître, la partie la plus délicate de sa publication ; c'est là que se rencontrent les propositions les plus singulières ; c'est là aussi que l'erreur se montre tout à la fois la plus manifeste et la plus dangereuse. Et où en arriverions-nous, grands dieux ! si tel était notre sort en Afrique que pour y cultiver le sol il fallût la même armée que pour y combattre, et que la paix y coûtât aussi cher que la guerre ?.. Mais posons bien la question.

Si l'on veut conserver en Afrique 80,000 hommes, pour avoir le plaisir d'y continuer une guerre stérile, pleine de périls, rien de mieux : on est libre, sauf pourtant la volonté contraire des chambres, qui peut-être finiront par s'emparer de cette question. Mais il ne faut pas dire que c'est la colonisation qui rend nécessaire ce maintien d'une aussi grande force militaire ; car la colonisation n'a pas besoin, pour prospérer, d'un pareil auxiliaire.

M. le général Bugeaud admet la nécessité absolue de coloniser l'Afrique ; il reconnaît qu'une colonisation établie sur une grande échelle peut seule mettre un terme aux sacrifices de la France et les compenser. Mais, dit-il, comment coloniser dans un pays où il n'y a pas de colons; où il n'y a pas de colons, parce qu'il n'y a pas de capitaux ; où il n'y a pas de capitaux, parce qu'il n'y a pas de sécurité? Vous voyez bien, ajoute-t-il, que la colonisation ne peut se faire que par l'armée, dont les bras accompliront l'œuvre que feraient des ouvriers salariés, qui ouvrira des routes, creusera des canaux, construira des villages, et préparera ainsi le terrain, propre à recevoir une plus grande population civile.

M. le général Bugeaud veut-il dire qu'en Afrique il n'y a pas de sécurité possible sans une puissante armée? Il a cent fois raison. Oui, l'armée est le premier besoin de la colonisation ; seule elle offre une garantie contre l'agression des indigènes, qui est le premier péril. Mais ceci prouve qu'il faut des soldats pour protéger les colons, et non que les colons doivent être les soldats.

M. le général Bugeaud veut-il prouver encore que 80,000 hommes qui seraient employés en Afrique à creuser des canaux et des routes, à dessécher des marais, à bâtir des maisons pour les futurs colons, feraient une œuvre préparatoire utile à la colonisation? En vérité, il faudrait être insensé pour ne pas être de son avis. Mais que conclure de là ? qu'il est impossible de coloniser en Afrique sans 80,000 soldats transformés en travailleurs? Voilà ce qui n'est pas logique. Oui, ces 80,000 ouvriers, au prix annuel de 80 millions, seraient utiles à la colonisation; nécessaires, non. Assurément ils sont utiles; et 150,000 ainsi employés le seraient encore davantage. Sans doute, en jetant tout de suite en Afrique 150 ou 200 millions de travaux publics, on pourrait préparer la colonie de telle sorte qu'il n'y manquât rien, si ce n'est les colons. Qui a jamais contesté ceci? Mais la question est de savoir si, en effet, il faut, pour préparer ou même pour exécuter la colonisation de l'Algérie, ces énormes sacrifices. La question est de savoir si ce que vous voulez faire au prix de 80 ou 100 millions par an, aux frais de l'état, des capitaux particuliers et des spéculations individuelles ne le pourraient pas faire mieux, plus vite, plus sûrement, et dans de telles conditions que le colon se trouvât prêt en même temps que la colonie.

Mais, dit M. le général Bugeaud, les capitaux et les colons ne viennent pas en Afrique ; donc, nous n'avons que l'armée pour coloniser. — C'est ici que la question doit se poser étroitement. Oui, il est vrai que jusqu'à ce moment la colonisation n'attire en Afrique ni émigrants ni capitaux. Mais pourquoi? C'est, dit M. le général Bugeaud, parce qu'en Afrique il n'y a pas de sécurité. — Cela est encore vrai. Mais pourquoi n'y a-t-il pas de sécurité en Afrique pour les capitaux et pour les colons? Voilà la question posée. M. le général Bugeaud dit : Par une seule raison : l'état de guerre. Je dis, moi, qu'il y a deux causes : la guerre, et le vice du gouvernement établi en Afrique.

Sans doute, la crainte d'une agression des indigènes doit agir sur l'imagination des émigrants européeus, et c'est précisément pour cela qu'il faut en Afrique une armée ; c'est pour cela qu'il serait sage de construire autour du Sahel et de la Mitidja un fossé inaccessible, qui assurât aux colons un territoire inviolable, où ils pussent paisiblement se livrer à la culture des champs. Cette enceinte, tout le monde l'approuve, cette armée, tout le monde la veut.

Mais, j'ai hâte de le dire, la crainte des Arabes est l'un des obstacles, et non le principal. On sait bien que dans le sahel d'Alger il y a des espaces où la fureur de la guerre ne sévit plus depuis longtemps. On sait bien, parce que l'expérience l'a enseigné, qu'en prenant le soin de s'agglomérer, les populations européennes ont peu à craindre des indigènes ; on sait que même en l'absence du fossé d'enceinte, la réunion des maisons en villages, et l'établissement autour de ces villages de quelques fortifications, préviennent tout péril. Mais il y a un empêchement plus grave à la venue en Afrique des capitaux et des colons. Cet obstacle, c'est le fait notoire, universellement connu en Europe comme en France, de l'existence à Alger d'un gouvernement militaire.

Et c'est ici qu'il faut signaler le plus grand danger du système de M. le général Bugeaud. Quand il demande de conserver en Afrique 80,000 hommes, ce qu'il a surtout en vue, c'est le maintien en Afrique du régime militaire. Ces deux choses se confondent dans sa pensée, étroitement liées l'une à l'autre ; toutes les deux funestes, mais la seconde encore plus fatale que la première. Une armée trop nombreuse n'est qu'une déplorable dépense. Un mauvais principe de gouvernement est un vice radical, et il n'existe pas de pire principe de gouvernement pour une colonie naissante que le despotisme militaire.

Aujourd'hui dans tous les états de l'Europe, républiques ou monarchies, gouvernements absolus ou constitutionnels, les citoyens jouissent d'une certaine somme de liberté, qu'ils doivent soit aux lois, soit aux mœurs. En général ce n'est plus la persécution qui fait émigrer, c'est le vague désir d'augmenter son bien-être. Ce sentiment excite aux entreprises les plus aventureuses, quelquefois les plus imprudentes. Mais ce que nul ne fait jamais, c'est de quitter le pays natal où il possède quelques droits plus ou moins bien garantis, pour aller chercher une terre lointaine où il se place sciemment sous le caprice violent d'un soldat. S'il existe en Europe un sentiment commun au plus grand nombre, c'est cette répugnance pour le régime de la force. Voyez l'immense courant de l'émigration européenne : où se porte-t-il ? Aux États-Unis, au Canada, dans l'Australie, à la Nouvelle-Zélande, partout où il y a de la liberté. Ce n'est pas que l'espace manque au sein des vieilles civilisations ; mais on croit en s'éloignant du gouvernement que l'on connaît, trouver plus d'indépendance. Considérez ce qui se passe au sein même de la France, et ici vient s'offrir de lui-même un fait récent bien digne d'être médité.

Tout le monde a su le sort de ces trois cents pauvres émigrants du pays basque qui, embarqués à Bayonne sur *la Léo-poldina*, se rendaient à Montevideo pour y chercher une nouvelle patrie, et qui presque tous ont péri dans un naufrage au moment où ils touchaient le port. Beaucoup, s'ils eussent survécu, auraient rencontré sans doute dans l'Amérique du Sud de terribles épreuves et de grandes misères.

Eh bien ! comme avant leur départ de France quelqu'un leur demandait pourquoi, au lieu d'aller chercher à deux mille lieues une terre d'exil, ils ne préféraient pas de se rendre sur la côte d'Afrique, où ils trouveraient tout près d'eux un sol fertile : « Nous ne voulons point de l'Afrique française, « ont-ils répondu, parce qu'elle est soumise à un gouverne- « ment militaire. »

A la vérité, pour se soustraire à un gouvernement militaire, ils allaient vers un pays où il n'y a guère de gouvernement ni de société. Avaient-ils tort ou raison ? Je ne sais. Mais ce sentiment qui les éloignait d'un mal connu pour les pousser vers un mal plus grand peut-être, mais qu'ils ne connaissaient pas, est naturel ; il serait celui de tous les émigrants d'Europe. Pour mon compte je me l'explique très-bien, et j'avoue que si je m'expatriais pour entreprendre ailleurs une nouvelle vie, j'aimerais mieux essayer un pays tout à fait sauvage, inconnu, où avec d'affreuses misères je trouverais du moins une certaine indépendance, que de m'aller placer dans un pays exploré et réglementé sous la discipline brutale et inintelligente de quelque commandant de place.

Bien des gens se figurent que c'est le hasard qui pousse le courant de l'émigration vers telle contrée plutôt que vers telle autre. Qu'ils se détrompent. Ici il n'existe pas un fait dont la raison n'apparaisse clairement à qui veut l'observer. Et c'est là ce que les gouvernements devraient bien considérer.

Les principes suivant lesquels les colonies se fondent et prospèrent ne sont point arbitraires ; leur croissance ou leur déclin s'explique par des causes toutes rationnelles. Et quand on examine ce sujet à la lumière de l'histoire, on trouve dans la sagesse ou l'impéritie des gouvernants tout le secret de l'échec ou du succès. Il y aurait ici la matière de tout un livre, et d'un livre dont la France aurait grand besoin pour le gouvernement de l'Afrique. Qu'il suffise en ce moment de dire que s'il est un principe élémentaire en matière de colonisation, c'est que le régime militaire, possible dans une colonie arrivée à sa maturité, est absolument antipathique à son développement. Là où il y a des populations toutes venues et établies, la force matérielle peut les saisir et en disposer. Là où cette force sévit tout d'abord, les populations ne viennent pas.

Avec le régime militaire vous aurez encore quelques habitants dans les villes, mais vous ne parviendrez point à peupler les campagnes. Le commerçant, qui trouve de grands profits dans tel ou tel négoce, celui qui réalise un gain presque usuraire dans tel ou tel métier, se résoudra pour l'obtenir à supporter des avanies et à braver l'arbitraire. C'est ainsi que chaque année en Afrique le nombre des marchands et des gens à profession s'accroît quelque peu dans les villes. Mais ce qui n'augmente pas, et ce dont cependant on a besoin par dessus toutes choses en Afrique, ce sont les cultivateurs ; ce qu'il faut, ce sont des populations attachées au sol, défendant l'Algérie en même temps qu'elles défendent leur maison et leur champ, suffisant par leur culture à leur nourriture et à celle de l'armée, devenant ainsi le principal boulevard de la puissance française en Afrique, et capables de soutenir seules une grande lutte, le jour où quelque événement rappellerait en Europe une partie de nos forces militaires.

Cependant cette population agricole si nécessaire ne viendra pas en Afrique tant que durera la dictature, parce que, pour l'homme des champs, dont l'ambition est simple et bornée, le premier besoin c'est la sécurité, et pour lui la sécurité c'est le droit de propriété.

On ne réfléchit pas assez à cette urgence d'attirer en Afrique une population agricole, qui, par ses travaux, rende la colonie et l'armée indépendantes des moissons arabes et des secours quotidiens de la métropole : c'est là pourtant le nœud de la question d'Afrique ; lorsqu'on aura dans les campagnes de l'Algérie les cinquante ou soixante mille cultivateurs qu'il faudrait pour posséder cette réserve, on aura résolu le problème. Jusque-là notre établissement en Afrique est précaire et dépend de mille accidents. Et combien de temps nous sera donné pour remplir cette condition première de salut ? Qu'est-ce que ces deux ou trois cents individus dont, de temps en temps, on nous annonce l'arrivée dans le Sahel ? C'est par milliers qu'il faudrait les compter ; pour cela, il faudrait un grand courant d'émigration vers l'Algérie.

C'est ce que vous n'obtiendrez pas par l'établissement en Afrique du despotisme militaire.

M. le gouverneur d'Alger ne peut sans sourire entendre prononcer ce mot de *despotisme militaire*, qui de notre temps et même en Afrique, lui paraît un anachronisme.

Si par despotisme militaire il faut entendre la violence du soldat, pillant et dévastant les propriétés, égorgeant les citoyens, outrageant les femmes et les filles, et massacrant les petits enfants, M. le général Bugeaud a raison. Il n'y a à Alger rien de pareil, et, en ce sens, le gouvernement dont il est le chef suprême n'est point un despotisme militaire.

Mais si par ce mot il faut entendre la suprématie absolue du militaire sur le civil ; la volonté du maître mise à la place de la loi ; l'arbitraire dans tous les actes et la mobilité continue dans l'arbitraire : le dédain du droit et de ses formes ; le goût instinctif des procédés de la force, et entre ces procédés, la préférence constante pour le plus prompt et le plus violent ; le mépris des garanties légales et l'ignorance des conditions auxquelles ces garanties peuvent exister ; en un mot, la violation quotidienne et souvent bien intentionnée de tous les principes qui protègent la propriété, le commerce et l'industrie ; si tout cela peut s'appeler de la tyrannie militaire, je dis que cette tyrannie est en pleine vigueur dans l'Algérie, et je répète qu'aussi longtemps qu'un pareil régime y sera maintenu, on ne verra pas s'y développer une société civile.

Mais, dit M. le général Bugeaud, est-ce qu'à la place du général qui commande en Afrique, vous voudriez placer un gouverneur civil? Vous figurez-vous ce bourgeois commandant aux Arabes et dictant des ordres aux généraux de l'armée d'Afrique? — Ici encore la question est mal posée. Il ne s'agit pas de savoir si le gouvernement de l'Algérie sera remis à un militaire ou à un homme de profession civile : la question présentée dans ces termes serait très-délicate. Sans admettre l'impossibilité du gouvernement de l'Algérie par un personnage civil choisi dans de certaines conditions, je reconnais les objections qu'il soulèverait. Mais telle n'est pas la question. Il s'agit de savoir, non pas si le gouverneur de l'Algérie sera un militaire ou un bourgeois, mais si le gouvernement de l'Algérie constituera une fonction civile ou militaire. Nommez si vous voulez un général gouverneur, mais que ce général remplisse à Alger une fonction politique et civile; qu'il aille à Alger pour gouverner et non pour faire la guerre; qu'il voie dans son poste une grande administration à conduire et non pas seulement une armée à commander ; qu'il y voie une société à fonder suivant des règles et des lois et non un camp à réglementer suivant la discipline militaire.

C'est un des traits de la dictature militaire, comme de toute autre tyrannie, de ne pas se comprendre elle-même et de croire trop heureux ceux qui lui sont soumis. Écoutez M. le général Bugeaud parlant de son administration. Est-il un gouvernement plus doux que celui d'Alger? Est-ce qu'on en exclut les colons civils? Nullement. Bien au contraire, on les appelle, on les prie instamment de venir; on leur donne toutes sortes de primes : un champ, une maison, des meubles, une dot, une femme. On leur paie trois sous par lieue pour venir jusqu'à la mer; là un bateau à vapeur les attend, qui les amène gratis en Afrique. Arrivés là, ils passent des jours entiers en réjouissances (1), et cependant, malgré tous ces soins, les colons ne viennent pas! — Eh! sans doute ils ne viennent pas, parce qu'au bout de toutes ces séductions, dont le bien est passager, il y a un immense mal permanent : l'oppression de votre gouvernement. Ils ne viennent pas : je me trompe, il vous arrive des pauvres, des mendiants, des gens sans aveu, des aventuriers. Voilà l'espèce de population qu'attirent dans vos nouveaux villages vos primes et vos subventions. Mais notez bien ceci : pour coloniser, il ne faut pas seulement des hommes, il faut encore des capitaux. Quiconque arrive en Afrique sans un capital et sans l'art de le faire valoir, n'est pas un colon, sa présence n'y est qu'un fardeau dispendieux et stérile. Il reste là tant que vous le faites vivre; retirez-lui sa pension, et il s'en va. On note souvent les individus qui arrivent en Afrique, il faudrait compter aussi tous ceux qui en reviennent. Ce sont donc les capitaux qui importent le plus, car, eux venus, les hommes ne manquent jamais d'arriver; le capital et l'homme se sont mutuellement nécessaires. L'homme prospère par le capital, qui ne peut produire que par le travail de l'homme. Mais pour que les capitaux viennent, il faut surtout la confiance; or, rien ne les éloigne plus que le régime de l'arbitraire. Une seule chose les attire, c'est la sécurité que donnent les institutions.

Des institutions! mais est-ce qu'ils n'en ont pas autant qu'il leur en faut? s'écrie M. le général Bugeaud; des institutions! mais qui pense à cela, si ce n'est quelques rêveurs utopistes, dépourvus de tout esprit pratique? Eh! mon Dieu des institutions! il n'y en aura que trop en Afrique! Est-ce que chaque village n'aura pas son maire, son conseil municipal, ses administrations, sa justice? A la vérité, continue M. le général Bugeaud, tous les administrateurs et juges seront

(1) Un journal rendait compte dernièrement de l'arrivée à la colonie militaire de Fouka d'un certain nombre de colons, qui avaient passé trois jours en fêtes et divertissements. Ce n'est point ainsi que se fondent des établissements sérieux et durables.

soumis au commandant militaire ; à la vérité, si les colons ont des juges et des maires, ils devront d'abord obéir au général. Mais rassurez-vous, le général ne donnera que des ordres bienfaisants.

« Les chefs militaires (ce sont les propres termes de M. le « général Bugeaud, p. 33), *d'après les instructions qui leur* « *sont données, entraveront le moins possible* les travaux d'in- « dustrie et de commerce des miliciens. »

Ainsi, que parlez-vous d'institutions? N'en existe-t-il pas de toutes prêtes en Afrique? Le général en chef donnera à ses lieutenants des *instructions* pour qu'ils ne vexent pas trop le bourgeois, et tout sera dit. Serait-il raisonnable de ne pas se contenter de pareilles garanties? — Des garanties! Voilà bien encore un mot à l'usage des philosophes et des songe-creux! Nous dirons cependant à M. le général Bugeaud que ce n'est qu'avec des institutions et des garanties qu'on parvient à fonder une société. Des institutions, c'est ce qui est établi par quelque loi indépendante du caprice de l'homme; des institutions, c'est la fondation d'une règle qui ne varie point au gré des intérêts mobiles et des opinions plus mobiles encore que les intérêts; c'est ce qui dure, c'est ce qui est stable, c'est ce qui ne peut changer chaque jour sous l'inspiration du moment.

S'il y avait des institutions en Afrique, M. le gouverneur général n'aurait pas le droit qu'il possède de biffer d'un trait de plume toutes les lois existantes, et qui, par cette raison, ne sont pas des lois. Il n'aurait pas le droit qu'il a de prendre la liberté de celui-ci sans jugement, la propriété de celui-là sans indemnité préalable, et de porter dans ses arrêtés toutes les peines, l'amende, l'emprisonnement, et même la peine de mort pour tous faits qu'il lui plaira qualifier crimes ou délits. Il n'aurait pas enfin le pouvoir d'expulser de la colonie qui bon lui semble sans en donner de raison, et de menacer quiconque n'est pas de son avis de le faire embarquer dans les vingt-quatre heures.

Il y a bien d'autres choses que M. le gouverneur général ne pourrait pas faire en Afrique, s'il y avait des institutions.

Par exemple, M. le gouverneur général estime qu'il serait avantageux de donner des matelas de laine à ses soldats. Il a raison. Il juge que si sur le marché il n'y avait pas d'autre acheteur que lui, il aurait la laine à meilleur compte, et il a encore raison. Mais voilà que, pour s'assurer cet avantage, il change de son autorité privée la loi qui régit le commerce, et déclare que l'exportation de la laine est interdite dans la province de Constantine (1). S'ensuit-il qu'il procure économiquement et vite à l'armée le bien qu'il a en vue? — Non, car le marché n'étant plus libre, les Arabes cessent d'y apporter leurs laines, et il devient impossible d'en acheter à un prix bas ou élevé. Mais voici une autre conséquence : les indigènes ne nous vendant plus cessent de nous acheter, et le commerce étant ainsi interrompu dans la province de Constantine, il en résulte dans cette province un malaise général et une profonde irritation des populations contre nous; de sorte qu'une mesure économiquement détestable nous amène un commencement de guerre. Voilà ce qui n'arriverait pas s'il y avait des institutions en Afrique.

Veut-on un autre exemple? — M. le gouverneur général reconnaît le danger pour le soldat des excès de boisson en Afrique, et il veut y porter remède. Il a mille fois raison. Mais que croyez-vous qu'il va faire? Interdire le cabaret au militaire placé sous sa discipline? Nullement. Il défend aux marchands de vin d'en vendre aux soldats, et ordonne la fermeture des maisons où il serait contrevenu à son arrêté; il punit ainsi, non le militaire qui lui désobéit, mais le marchand qui vend la denrée, et rétablit en quelque sorte la peine de la confiscation pour une contravention de police; et comme il n'a pas cependant l'idée de transformer son armée en une société de tempérance, il autorise quatre ou cinq établisse-

---

(1) Voir les arrêtés du gouverneur-général du 19 avril 1841, 17 août 1841, 19 juin 1842, etc., etc

ments à vendre des boissons comme par le passé. Mais que suit-il de cette législation singulière? que désormais l'armée est sobre et bien portante? Pas du tout. Les militaires continuent à boire exactement comme par le passé, avec le même excès et toutes ses conséquences. La seule différence est que ce qui leur était vendu par cinquante ou soixante marchands, leur est offert par quatre ou cinq privilégiés; en d'autres termes, que quatre ou cinq personnes font une fortune rapide au détriment de cinquante autres qu'on a ruinées en supprimant leur commerce. Voilà encore de ces violences stériles qui seraient impossibles en Afrique s'il y existait des institutions.

Mais, dit-on, ce sont là des erreurs que M. le gouverneur général a reconnues; il a révoqué son arrêté sur l'exportation des laines (1), et il convient dans sa brochure que son arrêté sur les boissons n'a rien produit de ce qu'il en attendait.

Eh mais! qui a jamais dit que le despotisme fût nécessairement méchant? Il est souvent plein de la meilleure intention, et jamais il n'est plus dangereux que lorsqu'il se montre environné d'un prestige de gloire, de bonne foi et d'honnêteté, capable de séduire les plus intéressés à le haïr. Ce que l'on dit et ce qu'on ne saurait trop répéter, c'est que le despotisme est toujours le même, stérile et desséchant; c'est que toute autorité qui n'a point de limites tombe fatalement dans l'excès; c'est que l'existence d'un pareil pouvoir, dangereuse pour un état tout formé, est mortelle à une société naissante, où il faut avant tout une influence qui attire et féconde.

Et prenez-y bien garde, quand on parle d'institutions, il ne s'agit pas seulement de la loi qui protége la liberté du négociant, et la propriété du marchand de vin; il s'agit du pouvoir lui-même et de ce qui le fortifie en l'organisant. Je parlais tout à l'heure de l'enceinte continue destinée à pro-

(1) Arrêté du 19 juin 1842.

téger les populations agricoles du Sahel et de la Mitidja. Cette enceinte avait été jugée, sinon nécessaire, du moins très-utile pour la défense et pour la colonisation. C'était l'avis des officiers du génie les plus distingués, d'un grand nombre de généraux habiles et d'hommes d'état éminents. M. le général Berthois l'avait réclamée avec instance; le général Lamoricière s'y était montré très-favorable; M. Thiers en avait adopté le plan sous le ministère du 1er mars; nul n'en était un partisan plus zélé que M. le duc d'Orléans. La dernière commission d'Afrique en avait voté l'établissement. Eh bien! sous de tels auspices, l'enceinte est commencée, on en construit tant bien que mal les trois quarts, et voilà que tout à coup, sans qu'aucun fait nouveau soit survenu, sans décision du ministère, M. le gouverneur général suspend les travaux de l'enceinte, et annonce au public qu'il ne les continuera pas. C'est là encore une de ces choses qui n'arriveraient pas si le pouvoir qui régit l'Afrique était organisé, c'est-à-dire s'il y existait des institutions.

Se circonscrire dans un espace limité est chose *mesquine* et indigne de la France! dit M. le général Bugeaud.—Eh! qu'y a-t-il de *mesquin*, s'il vous plaît, à se créer un abri autour du champ que l'on cultive, et à rendre ce champ inaccessible à l'ennemi? Oui, sans doute, il serait indigne de la France, en colonisant le Sahel et la Mitidja, d'abandonner le reste de l'Afrique; ce ne serait pas seulement mesquin, ce serait encore dangereux. Ce qui serait mesquin, indigne de la France, ce serait de faire ce que faisait le traité de la Tafna; nous renfermer dans une petite ceinture tracée autour du littoral, et abandonner le reste à Abd-el-Kader. Mais en quoi donc l'enceinte formée autour de la Mitidja eût-elle nui à notre souveraineté au delà? Est-ce qu'un propriétaire, quand il entoure son parc d'un mur de clôture, est présumé délaisser toutes les parties non closes de son domaine? Maîtres partout en Afrique, nous ne pouvons le même jour coloniser en tout lieu. Et dans l'endroit où nous colonisons aujourd'hui, nous

nous entourons d'un obstacle destiné non à marquer les limites de la colonisation, mais à la protéger : espèce de bouclier mobile placé un jour ici, puis là, et que l'on verra s'éloigner à mesure que la colonisation, en s'étendant davantage, le forcera lui-même de se porter en avant.

Du reste, il fallait bien s'attendre à ce qui arrive : depuis un an ou deux, le système de l'enceinte continue était en grande faveur. La même idée suivie pendant deux ans ! C'est beaucoup pour l'Afrique. En général un système n'y dure pas si longtemps. C'est à tort que l'on a dit qu'il n'y avait pas eu de système pour le gouvernement de l'Afrique, il en a existé beaucoup, les uns mauvais, les autres bons, tous presque aussitôt abandonnés que conçus. C'est là certainement un très-grand mal, et c'est précisément celui qui éclate partout où il n'y a pas d'institutions.

Mais non-seulement M. le général Bugeaud suit pour la colonisation de l'Algérie un système déplorable, mais encore, qu'il me soit permis de le dire, M. le général Bugeaud ne veut pas sérieusement la colonisation. M. le général Bugeaud a posé franchement la question : il veut très-clairement deux choses : le maintien de l'armée au chiffre de 80,000 hommes et la continuation du régime militaire. Voilà ce qu'il veut fortement, sans détour, sans arrière-pensée, et il faut lui savoir gré de la loyauté avec laquelle il a exprimé ces volontés hardies. Maintenant, pour quel usage veut-il ces deux choses ? C'est, dit-il, pour faire la guerre, et surtout *pour coloniser....* Je ne sais plus quel philosophe a dit que l'homme le plus franc a toujours dans un petit coin de son âme un sentiment secret, d'autant moins pénétrable que le reste de ses impressions se montre plus à découvert. Eh bien ! s'il m'était donné de fouiller dans cette cachette de l'âme de M. Bugeaud, je dirais que sa pensée intime est celle-ci :

« Il faut d'abord finir la guerre. Quand la guerre sera finie « et la paix fermement établie, on colonisera. La coloni- « sation et la guerre ne sauraient se mener de front. *On ne*

« *saurait en même temps sonner les cloches et dire la messe.*
« (Expression familière à M. le général Bugeaud.) Puisque la
« presse, le ministère, les chambres, veulent de la colonisa-
« tion, il faut bien leur en donner quelque peu; puisque
« M. le duc d'Orléans voulait l'enceinte continue, il a bien
« fallu la commencer. Mais ce sont là des concessions qu'il
« faut restreindre le plus possible. Au fond il n'y a d'impor-
« tant que la guerre, et si la colonisation est bonne à quelque
« chose, c'est seulement comme argument pour le maintien
« de l'armée au chiffre de 80,000 hommes. »

Tel est, j'en suis convaincu, le sentiment profond de M. le
général Bugeaud, qui, s'il voulait sérieusement la colonisation, la conduirait autrement qu'il ne fait. Et c'est là un sentiment funeste : vous attendez pour coloniser la fin de la
guerre! Quand sera-t-elle finie cette guerre dont chaque
année vous nous annoncez le terme, et qui recommence toujours? Et si elle dure encore deux ans, cinq ans, dix ans
peut-être? et alors nous ne serons pas plus avancés en
Afrique que nous ne sommes aujourd'hui ! Et sur quelle paix
éternelle comptez-vous donc? Vous voulez finir la guerre !
mais le meilleur moyen de la terminer serait précisément la
colonisation. La colonisation sur une grande échelle prouvera
seule aux populations arabes notre irrévocable volonté de de-
meurer en Algérie. C'est tout à la fois le véritable moyen
d'être et de paraître inexpugnables sur la terre d'Afrique.
Continuez donc de guerroyer en Afrique, si vous le voulez et
si on vous le permet ; gardez vos 80,000 hommes, si on vous
les laisse ; courez après les Arabes ; harcelez les tribus, pour-
suivez Abd-el-Kader... mais en même temps, pour Dieu, colonisez, colonisez sérieusement, non de manière à édifier un
ou deux villages par année, ainsi que vous semblez l'annoncer
dans le *Moniteur algérien* du 25 septembre dernier (1). C'est

(1) Le *Moniteur algérien* du 25 septembre dernier contient sur la colonisation
une note, au style de laquelle on reconnaît tout de suite l'auteur de la brochure.
M. le général Bugeaud y laisse voir assez clairement sa pensée : « L'armée, dit-il,

là une lenteur mortelle. Ce serait, après les efforts et les sacrifices, un résultat dérisoire. Ne vous obstinez pas à vos utopies de colonies militaires qui, au train dont elles vont, donneraient bien cinquante colons par annéé, au prix de 2 ou 3,000 fr. par tête, et ne nous parlez pas du progrès de la colonisation, lorsque vous reconnaissez qu'après douze ans d'occupation et plus de 600 millions dépensés, l'Afrique française ne contient dans ses villes que 40,000 Européens; 40,000 individus dont la moitié quitterait l'Algérie du jour où l'armée serait réduite; ne parlez pas de progrès, lorsque les habitants des campagnes, les seuls qui soient de vrais colons, sont si rares que vous n'osez pas en dire le nombre.

Ah! sans doute, même avec le déplorable système que vous suivez, même avec le régime militaire, et en quelque sorte malgré vous, quelques constructions de villages s'élèvent çà et là, sous l'exigence de l'opinion publique, grâce au zèle de ces administrations civiles dont vous faites si peu de cas, et qui, en vous dérobant quelques centimes des millions que vous jetez à la guerre, font en somme l'œuvre la plus capable de consolider notre conquête. Sans doute quelques émigrans arrivent, dont vous faites grand bruit; quelques habitations particulières s'élèvent, dont vous comptez les mètres cubes en maçonneries! Mais en supposant que ces villages se remplissent de colons; en supposant que ceux-ci viennent avec un capital suffisant pour rester, je dis que ce n'est pas là la colonisation rapide, urgente qu'il faut à l'Algérie. Je crois inutile et mauvais votre système de colonisation par les capitaux de l'état; mais enfin comment l'appliquez-vous? —Vous demandez 80 millions pour l'Afrique: combien en donnerez-vous à la guerre, combien à la colonisation? Disons-le, la guerre

« est certainement le plus grand, le plus sûr moyen de colonisation; mais mal-
« heureusement elle ne pourra y être employée pendant quelque temps encore,
« qu'à *de courts intervalles;* elle doit consolider sa conquête, ce qui exigera des
« marches fréquentes ou prolongées. » Et plus loin : « Quel que soit, dit-il, le
« moyen ; il faudra bien près d'une, année pour édifier un village de cinquante à
« soixante feux..... allez donc appeler les populations à flots ! »

absorbe tout, et ce sont seulement quelques cent mille francs dont vous faites l'aumône à la colonisation. Vous ouvrez des crédits de vingt et trente millions pour faire les frais de vos expéditions; et puis, s'il s'agit des besoins de la colonisation, vous demandez timidement un crédit de 500,000 francs.

Mais, encore une fois, ce ne sont pas les millions qui importent le plus pour la fondation et le développement de la colonie. La colonisation n'est possible en Afrique qu'à deux conditions : il faut d'abord une armée pour protéger les colons; nous l'avons. Mais, avec cette armée héroïque, il faut un autre régime que le régime militaire. Il faut en Afrique deux choses : la force et le droit; la force contre les Arabes, le droit pour les colons. La force contre l'ennemi, le pouvoir militaire la donne, et c'est là une belle tâche pour l'armée et pour ses chefs. Le droit pour les colons, des institutions peuvent seules le donner.

III.

Après avoir soutenu qu'il lui faut en Afrique une armée de 80,000 hommes, et que ces 80,000 hommes sont aussi nécessaires pour la colonisation que pour la guerre, M. le général Bugeaud s'attache à démontrer que le maintien de l'armée à ce chiffre sera très-prochainement une économie pour le trésor public, parce qu'elle nous fournira le moyen de tirer de l'Afrique l'équivalent de ce que celle-ci nous coûte.

Au premier abord, on se demande si cette proposition de M. le général Bugeaud est présentée sérieusement. Mais le doute doit cesser lorsqu'on voit plus de soixante pages de la brochure consacrées à cette démonstration, une multitude de faits, de suppositions et de conjectures invoquées à l'appui, le tout fortifié par un luxe de statistique tout à fait extraordinaire. M. le général Bugeaud a-t-il pensé que cette seconde thèse était le correctif obligé de la première, et que, pour faire accepter au pays la nécessité présente et annuelle d'un immense fardeau, il fallait l'accompagner de la promesse d'une prochaine compensation ? Je l'ignore ; mais ce que je sais bien, c'est que cette promesse contient en elle-même une déception certaine et très-dangereuse ; c'est ce qu'il est aussi important que facile de démontrer.

Cette démonstration importe. Il est bon que la vérité sur ce point soit dite par un partisan ardent de l'Algérie. Rien d'ailleurs n'est plus funeste à une bonne question que d'être soutenue par des arguments faux et menteurs. L'erreur est bientôt reconnue, et, en la répudiant, on repousse avec elle la bonne cause qui s'y trouve mêlée, et qui pour triompher ne demandait que l'appui du vrai et du bon sens.

Je dis aussi que la démonstration est facile. Sur quoi, en effet, se fonde M. le général Bugeaud pour soutenir que l'Afrique rendra bientôt à la France les 80 millions qu'y coûteront 80,000 hommes ?

Il indique deux sources de revenus pour la France en Afrique : 1° les contributions payées soit par les populations arabes, soit par les colons européens ; 2° les cultures faites par l'armée.

Écartons d'abord la seconde source de produits. Depuis longtemps on a essayé d'utiliser les bras de l'armée dans des travaux agricoles, jamais on ne s'est aperçu que les charges de l'état en fussent diminuées, et l'on cite des foins récoltés par la troupe qui eussent coûté moins cher si on les eût tout simplement achetés à des marchands. Arrivons tout de suite aux revenus tirés de l'impôt, les seuls, du reste, sur lesquels insiste vivement M. le général Bugeaud.

Eh quoi ! c'est sérieusement que vous prétendez que l'Algérie, dont on tire aujourd'hui, non sans peine, 8 à 9 millions, rendra bientôt 70 à 80 millions ! Suivons un peu vos raisonnements.

M. le général Bugeaud, qui jadis n'avait vu dans l'Algérie qu'un immense désert, la représente aujourd'hui comme une vraie terre promise, et il a raison, car il n'est pas, je crois, de contrée qui égale l'Afrique française en fertilité naturelle. Mais que va-t-il en conclure ? « L'Afrique, dit-il, produisant « beaucoup plus qu'il n'est nécessaire à sa population, il y a « évidemment en Afrique matière à impôt et à consommation. « Or, suivant la loi du pays, l'impôt est le dixième des grains « et le vingtième du bétail. Il suffirait de percevoir cet impôt « régulièrement pour pourvoir à l'entretien de l'armée. »

Et voilà ce que l'on présente comme la source des richesses à laquelle puisera la France ! Sans doute il n'est pas impossible qu'après la soumission des tribus, si cette soumission est sincère et solide, l'on parvienne à obtenir de ces tribus quelques misérables taxes ; mais M. le général Bugeaud peut-il, de bonne foi, se faire illusion sur la limite étroite dans laquelle ces contributions sont renfermées ? Ne sait-il pas mieux qu'aucun autre la difficulté infinie qu'il y a de rien régler d'une manière durable avec la plupart de ces tribus, qui ne reconnaissent d'autre loi que la force, et dont plusieurs n'ont jamais payé, même aux Turcs, aucune espèce d'impôt ?

On a, l'an dernier, au moyen des contributions arabes, tiré la valeur d'un million de la province de Constantine, et l'on regarde avec raison comme un tour de force ce succès financier obtenu dans une province bien moins impatiente du joug que les populations de l'ouest ; sur laquelle depuis des années nous dominons presque sans résistance, et où les Turcs avaient établi une perception régulière d'impôts. Supposez que, par un autre tour de force beaucoup plus difficile et moins vraisemblable, vous parveniez à tirer aussi un million des Arabes de la province d'Alger, et un autre million des tribus de la province d'Oran, ce sera une somme de 3 millions obtenus à grand'peine et non sans de grands périls.

Que M. le gouverneur-général de l'Algérie y prenne garde. Rien n'est plus éloigné de l'esprit politique que le point de vue fiscal auquel il se livre. L'impôt annuel exigé des tribus est bon comme impliquant l'obéissance à notre souveraineté en Afrique ; mais le jour où l'on y verra un moyen de remplir les coffres du trésor public, un immense danger sera créé. Alors les plus ruineuses entreprises seront tentées pour tirer quelques sous de la tribu la plus paisible, on lui fera une guerre à outrance, et des sommes immenses seront consacrées à en obtenir de minimes. A la vérité l'administration des finances d'Afrique présentera un budget en progrès. Mais pour chaque écu dont ce budget s'accroîtra, la France dépensera un million de plus.

Continuons, cependant. Voilà, j'y consens, 2 ou 3 trois millions que vous retirerez des provinces de Constantine, d'Alger et d'Oran, Dieu sait au prix de quels embarras ! Qu'est-ce que ces 2 ou 3 millions pour en couvrir 80 ?

Mais M. le général Bugeaud ne prétend pas seulement tirer parti des contributions arabes ; il fait grand fond aussi sur les revenus que donnera l'impôt payé par les populations européennes établies dans l'Algérie. Il est même évident, par ce qu'il écrit, que c'est un sujet sur lequel son imagination est exaltée au plus haut degré. Déjà il songe à organiser des administrations financières avec tout leur état-major, à Médéah, à Milianah, à Tlemcen, à Mascara, à Constantine !!! L'enregistrement donne d'assez beaux produits : on lui fera rendre davantage ; les contributions indirectes ne sont en Afrique que moitié de ce qu'elles sont en France : ne pourrait-on pas établir l'uniformité ? Il compte bien obtenir davantage des patentes ; il établira, soyez-en sûrs, des octrois à la porte de toutes les villes, et des droits sur tous les marchés ; déjà il pense à imposer la propriété foncière, qui malheureusement n'existe pas encore. En un mot, soit qu'il considère les Arabes ou les Européens, les villes ou les campagnes, M. le général Bugeaud ne voit en Afrique qu'impôt et matière imposable.

Eh bien ! j'admets pour un instant qu'on vous laisse pratiquer en Afrique ce système insensé de fiscalité qui seul ferait obstacle à la prospérité d'une colonie, où en arriverez-vous avec tous ces surcroîts de taxes directes et indirectes ?

à des sommes de 70 ou 80 millions? Non, mais à une aug‑
mentation de quelques cent mille francs, et rien de plus.

Remarquez‑le bien, et ceci est le point important, votre perfectionnement ne peut porter que sur un très‑petit nombre de taxes, qui seules constituent, à proprement parler, les re‑venus de l'Algérie. Ces revenus, vraiment africains, sont l'en‑registrement, les patentes, les biens du domaine et la pêche du corail. Vous retirez 250,000 fr. des droits de greffe et d'enregistrement : mettons que vous en obtiendrez le double en doublant les droits. Les patentes vous produisent 272,000 fr. ; admettons que vous doubliez cette somme en doublant l'im‑pôt. Vous tirez seulement 114,000 fr. de la pêche du corail ; je suppose qu'au moyen d'une politique plus habile à l'avenir vous ressaisissiez cette source de revenus perdue par vos fautes, et que vous parveniez encore à doubler le produit actuel.

Je suppose, enfin, qu'en louant les immeubles du domaine le double de ce que vous les louez, et en vendant aussi judaï‑quement que possible les terres de l'état aux colons nouveaux venus, vous parveniez à doubler le revenu de 500,000 fr. que vous en tirez aujourd'hui. Je suppose, dis‑je, qu'on vous lais‑sera faire toutes ces choses, au mépris des principes les plus élémentaires en économie politique. Eh bien ! dans cette hypothèse, vous arriverez à produire de plus 1,136,000 fr., qui, joints aux 2 millions de contributions arabes des provinces d'Alger et d'Oran, feront un total de 3,136,000 fr. que vous pourrez ajouter au budget des recettes de l'Algérie. Je vous défie d'aller au delà ; c'est‑à‑dire qu'au lieu d'un produit de 8,859,000 fr., l'Algérie donnera un revenu de 11,995,000 fr. ; c'est‑à‑dire qu'à force de savoir‑faire et de fiscalité, on par‑viendrait à faire sortir 12 millions de 80.

Cependant, dit le général Bugeaud, voyez le progrès. En 1832, l'Algérie ne donnait que 1,569,000 fr. ; en 1841, son produit est de 8,859,000 fr. Pourquoi donc ce progrès, en se continuant, n'arriverait‑il pas jusqu'à couvrir les dépenses entières de l'Algérie ?

Ici encore on se demande si c'est sérieusement que M. le général Bugeaud soutient cette discussion. Qu'est-ce qui ne sait pas aujourd'hui qu'à l'exception des revenus spéciaux à l'Afrique, et dont nous avons tout à l'heure admis l'accroissement possible dans des limites malheureusement bien restreintes, toutes les autres recettes ne sont que le produit des impôts directs et indirects qui frappent les consommations de l'armée? Ainsi, selon que l'armée d'Afrique est plus ou moins nombreuse, il faut, pour la nourrir, pour la vêtir et satisfaire à tous ses besoins, plus ou moins de denrées, qui, frappées de droits de douane et d'octroi, donnent un produit proportionné à leur nombre et à leur valeur. Aussi peut-on dire d'une manière absolue qu'à l'exception des revenus *africains* que l'on a indiqués, les recettes de l'Algérie montent ou décroissent en proportion exacte du chiffre plus ou moins élevé de l'armée.

En 1832, l'Afrique rapporta seulement 1,569,000 fr.; c'est qu'en 1832 il n'y a eu en Afrique que 21,000 hommes. En 1834, l'Afrique donne un revenu de 2,542,000 fr.; c'est que déjà l'armée compte 29,000 hommes. En 1837, l'armée prend 40,000 hommes; le chiffre du revenu s'élève à 3,700,000 fr. En 1839, armée de 50,000 hommes et revenu de 4,469,000 fr. En 1840, armée de 60,000 hommes et revenu de 5,610,000 fr. En 1841, le revenu est de 8,859,000 fr. parce que l'armée est de 75,000 hommes. (Et si en 1841 le revenu s'est accru dans une plus grande proportion que les années précédentes, c'est à cause du million de contributions arabes obtenu cette année de la province de Constantine.)

M. le général Bugeaud se donne une peine extrême et bien inutile pour démontrer que, si on diminue le chiffre de l'armée d'Afrique, on diminuera les revenus de l'Algérie, et qu'en augmentant l'effectif, on accroîtrait le revenu; mais la chose se comprend d'elle-même : il est bien clair qu'une armée de 80 mille hommes consomme plus qu'une armée de 40.

Il se donne une peine non moins grande et non moins inutile pour prouver que plus l'armée est nombreuse, plus il y a, dans les villes et dans les ports de l'Algérie, de mouvement commercial, industriel et maritime. C'est toujours la même question. Il est manifeste que la présence à Alger d'une grande armée y attire nécessairement des marchands et des marchandises ; qu'il faut pour ces militaires et ces marchands des logements, et pour ces marchandises des magasins ; que, s'il n'y a pas assez de maisons pour les recevoir, il faut en construire, et que, comme il y a des bénéfices à faire sur ces constructions, des capitaux viennent qui les font ; il n'est pas moins évident que, pour apporter ces marchands et ces marchandises, il faut des vaisseaux français et étrangers, en nombre d'autant plus grand qu'il y a plus d'objets à transporter ; il est manifeste aussi que ces militaires, ces commerçants, vivant dans l'Algérie, s'y livrent à des transactions, qu'il se fait des échanges de propriété, qu'il se donne des hypothèques, qu'il se paie des droits d'enregistrement et de mutation, et que tout ce mouvement de marchands et de marchandises, de capitaux, de vaisseaux, de constructions, d'échanges, de mutations et d'hypothèques, plus ou moins grand selon le chiffre de l'armée, est double nécessairement si, au lieu de 40,000 hommes, l'armée en a 80,000.

Tout ceci est plus clair que le jour. Il ne l'est pas moins que si, au lieu de 75,000 hommes qui sont aujourd'hui en Afrique, on en mettait 150,000, les revenus de l'Algérie doubleraient, et au lieu de retirer de l'Algérie 9 millions, on en retirerait 18. Il est vrai qu'au lieu de 75 millions l'Algérie en coûterait 150 ; mais l'administration des finances de l'Algérie n'en dirait pas moins d'un ton triomphant : Vous voyez le progrès : de 9 millions nous voilà à 18 ! Et peut-être l'agent du fisc, en tenant ce langage, serait de bonne foi ; car enfin ce serait en suant sang et eau qu'il serait parvenu à rendre à la France 1 million pour 10. Déplorable système, système ruineux, dans lequel tout est mensonge, et qui serait déplorable encore quand même il serait moins faux et moins stérile.

Après avoir examiné dans son principe et dans ses effets le système exposé par M. le général Bugeaud, je lui dirai : Quoiqu'un pareil système soit ruineux, vous le prenez, soit. Je ferais comme vous s'il n'y en avait pás d'autre. Mais croyez-vous qu'on accepte ce plan avec votre prospectus? Personne, soyez-en sûr, ne croira aux revenus fabuleux que vous prétendez tirer de l'Afrique. Ce que tout le monde croira, c'est la déclaration qui nous assure une charge annuelle de 80,000 hommes au prix de 80 millions pour coloniser en Afrique. Tous les hommes qui sont, en France, soucieux de la fortune publique, s'alarmeront de ce gouffre dans lequel s'abîment nos finances, et beaucoup, jaloux de l'honneur national, verront avec effroi la perspective d'une entrave attachée en permanence à notre action en Europe; ils verront dans le budget de l'Afrique le complément de la loi des chemins de fer : un milliard en dix ans pour l'Afrique, comme un milliard en dix ans pour les chemins de fer; notre armée entamée comme nos finances; notre puissance militaire coupée en deux, et la France ainsi condamnée à subir tous les abaissements que lui prépare une politique égoïste et pusillanime.

Voilà ce qu'ils verront; et beaucoup, tirant la conséquence, en viendront peut-être à cette conclusion fatale, qu'il faut abandonner l'Algérie, ou du moins, ce qui serait à peu près la même chose, s'y tenir à l'occupation de deux ou trois points du littoral. Ils ne feront pas comme vous, qui nous dites bravement : C'est vrai, c'est une détestable affaire; mais enfin, vous l'avez voulu, voilà le seul moyen de s'en tirer. Ils diront : Il faut en finir avec cette folie d'Alger; et puisque ceux mêmes qui vantent le plus ses ressources et qui lui doivent toute leur gloire, nous disent qu'il y va par an pendant longtemps de 80,000 hommes et de 80 millions, retirons-nous. Voilà où ils seront amenés par votre système, et pourtant ils auront tort en tous points; ils auront tort, car l'Algérie est une grande entreprise qui sera féconde si l'on veut. Ils auront tort, non de regarder comme imaginaires vos revenus africains, non de s'alarmer de votre budget annuel de 80 millions ; mais ils auront tort de croire à la nécessité annuelle de ces 80 millions pour tirer bon parti de l'Afrique. Ils auront tort de donner créance à vos calculs et à vos théories ; car, pour exploiter la conquête de l'Algérie, il faut d'autres idées, d'autres moyens et une tout autre politique que celle de M. le général Bugeaud.

On ne saurait réfléchir à cette question d'Afrique sans tomber dans la tristesse. Pour qui veut l'examiner avec attention et maturité, des solutions logiques s'offrent à l'esprit : c'est une affaire difficile, compliquée ; ce n'est toutefois qu'une affaire.

Mais en même temps qu'on aperçoit ce qui serait à exécuter, on voit faire à peu près l'inverse. La question, qui est épineuse, demanderait, pour être bien conduite, beaucoup de suite et d'habileté ; et il semble qu'on accumule les fautes les plus capables d'amener un échec.

Un des grands malheurs de l'Algérie, c'est de n'être point une question de ministère ; il suit de là que c'est à peine si nos hommes d'état s'appliquent à la connaître. Qu'importe que l'Algérie coûte à la France 80 millions au lieu de 40 ? Qu'importe que dans six mois on demande pour l'Afrique 100 mille hommes et 100 millions ? Le ministère ne fera point de ces débats une question de portefeuille : donc ceci n'a point d'intérêt. Il serait temps cependant que ceux qui gouvernent l'Afrique encourussent une sérieuse responsabilité. Certes, ce serait, à mon avis, un grand tort que de marchander au gouvernement les millions et les hommes qu'il nous demande pour l'Algérie ; mais que, du moins, le gouvernement adopte et montre un plan de conduite qui soutienne l'examen ; qu'il mène avec prudence et sagesse cette grande entreprise, au lieu de la livrer à je ne sais quelle fatalité aveugle qui maintenant en dispose.

Je ne suis pas de ceux qui s'apitoient outre mesure sur les

misères que traîne à sa suite notre entreprise en Afrique. Que, pour atteindre un grand but, on se résigne, pendant des années, à perdre des sommes considérables, à voir périr dans les hôpitaux ou sur les champs de bataille 12 ou 15,000 hommes, soit ; un peuple ne fait de grandes choses qu'à la condition de soutenir ses entreprises par de tels sacrifices. Mais que, du moins, des sacrifices aussi immenses ne soient pas faits légèrement ; qu'une sérieuse maturité y préside ; qu'ils soient cruels le moins possible, et le plus possible adoucis ; s'ils doivent être aussi énormes, que du moins ils soient féconds !

Sait-on bien qu'à présent il y a dans l'armée d'Afrique de 24 à 25,000 malades (1) ? Tous ne mourront pas, Dieu merci ! Tous n'auront pas leur santé détruite à jamais par les fièvres d'Afrique ; mais, en supposant que ces 25,000 hommes sortent tous sains et saufs des hôpitaux, comptez-vous pour rien les cruelles souffrances auxquelles ils sont sujets ? Et ces expéditions continuelles, et ces marches forcées, et ces privations de tous genres, et ces jours passés sous un soleil de feu, et ces nuits pleines d'une mortelle humidité, et ces jeûnes, ces fatigues de toute sorte pendant la guerre, et ces travaux sans fin qui succèdent aux combats, toute cette vie de labeurs, si dure surtout pour le soldat, qui soutient des luttes dont il n'a pas la gloire ; toutes ces choses, y pense-t-on assez ?

Supposez que nul ne tombe sous le coup des Arabes, que le deuil ne soit jeté dans aucune famille par les bulletins de l'armée d'Afrique, n'est-ce pas une tâche exorbitante que celle qui est imposée à nos soldats : tâche d'héroïsme et de patience, qui demande la vertu impétueuse et la vertu stoïque ?

Oui, sans doute, il faut accepter ces charges et s'y résigner. Oui, il faut les imposer à la France, si elles sont nécessaires.

---

(1) Ce fait a été contesté. J'affirme de nouveau, comme le tenant d'une source très-digne de foi, qu'en septembre dernier il y avait dans l'armée d'Afrique plus de 24,000 malades.

Mais pense-t-on assez à la responsabilité que fait naître l'emploi de pareils moyens, toutes les fois qu'ils ne sont pas indispensables? Réfléchit-on assez à la vie des hommes dont on dispose d'un trait de plume ou d'un vote? Réfléchit-on assez à la source d'où proviennent ces 80 millions de l'Afrique, prélevés sur le nécessaire de 30 millions de Français, et ces 80,000 hommes qu'on arrache de leurs foyers et auxquels on prend six ans de leur vie!

Tous ces millions dépensés en Afrique, tous ces milliers d'hommes enlevés par le recrutement, tués ou décimés par la fièvre, toutes ces fatigues, toutes cès souffrances, tout cela n'est qu'un sacrifice raisonnable et nécessaire si on l'emploie sagement à une grande œuvre nationale à laquelle l'honneur et l'avenir de la France sont attachés. Cette consommation d'or et de sang est odieuse et atroce si elle se fait légèrement et follement.

Cependant, en présence de cette grande question d'Afrique, que fait le ministère de la guerre? — Certes, il est à l'aise pour agir en cette matière. Il existe des questions où il se plaint d'être gêné par les Chambres, et, à l'entendre, tout le mal viendrait de l'intervention aveugle ou intempestive du pouvoir parlementaire. Mais il ne saurait élever un pareil grief en ce qui concerne l'Afrique, pour le gouvernement de laquelle ou peut dire qu'il possède un blanc-seing. Eh bien! avec cette liberté d'agir, il faut bien le reconnaître, le ministère de la guerre ne fait rien, il regarde faire; il ne conduit pas, il laisse aller. Comme il ne prescrit rien, on ne saurait dire qu'il fait mal, mais il le laisse faire autant qu'on veut. Un seul travail de quelque importance s'exécute en ce moment en Afrique, et c'est précisément le seul objet sur lequel la Chambre ait exprimé une volonté : les travaux du port sont repris. Ici encore il est passif, et quoi qu'il fasse, il regagnera difficilement deux années perdues par sa faute.

Cependant, l'administration de la guerre qui, je le crois, renferme de bonnes intentions, vient de publier une ordonnance en 75 articles, pour l'organisation de la justice en Algérie (1). Y a-t-il là quelque réforme considérable? Non : sauf trois ou quatre articles, cette ordonnance reproduit textuellement les ordonnances précédentes. L'ordonnance est bonne dans ce qu'elle change : elle détruit l'unité de juge, institution repoussée par nos mœurs autant que par le bon sens ; elle rétablit le recours en cassation en matière civile, déplorablement aboli par la précédente ordonnance.

Voilà tout. Cela est bon ; mais, ainsi isolé, qu'est-ce que cela vaut? Sans doute le juge importe beaucoup dans tout pays : c'est lui qui applique les lois ; mais quand il n'y a pas de lois !

Mais, dit-on, le ministère prépare de plus grands changements : il a nommé une grande commission où sont discutées toutes les questions de l'organisation militaire, politique, municipale et judiciaire, de l'Algérie. Les travaux de cette commission seront bientôt la base d'autres améliorations. Fort bien. Et en attendant que la commission ait fini, voici qu'arrive d'Afrique, émané du gouverneur général, de l'agent de M. le ministre de la guerre, tout un système dans lequel ces questions d'organisation sont tranchées et résolues, presque toutes dans un sens directement contraire aux vues de la commission ; de sorte que, pendant que la commission délibère, on résout et on exécute en Afrique le contraire de ce qu'elle conseille.

Que fait encore le ministère? Lorsque M. Laurence se retira ou fut retiré des affaires d'Afrique, ce fut pour la population civile de la colonie le signe de l'abandon du système contre lequel elle ne cessait de réclamer. Eh bien! voici qu'on envoie M. Laurence en Afrique avec une mission, apparemment pour vérifier le fondement des plaintes excitées par son administration !!!

Il y a des gens que le spectacle des nos affaires d'Afrique,

____

(1) Ordonnance du 26 septembre 1842.

si graves et si mal menées, attriste et décourage; et, dans leur chagrin, il leur arrive quelquefois de déclarer que si notre colonie d'Afrique ne prospère pas, c'est que la France est de sa nature incapable de coloniser.

De toutes les impressions que fait naître l'état de l'Algérie, il n'en est pas de plus triste ni peut-être de plus dangereuse. Il y a un triste orgueil caché dans cette prétention à une incapacité en quelque sorte naturelle, et il semble que notre amour-propre soit sauvé dès que nous attribuons à une fatalité de race le vice qui vient de notre faiblesse volontaire. Qu'est-ce donc que cet obstacle providentiel qui s'opposerait à nos efforts? Ne sommes-nous donc venus en Afrique combattre le stupide fatalisme des Arabes que pour nous l'approprier? Pourquoi donc la France ne pourrait-elle pas faire ce qu'ont fait tous les peuples de la terre, grands ou petits, faibles ou puissants; ce que font encore chaque jour l'Angleterre, la Russie, la Hollande?... Est-ce que la France elle-même n'a pas fondé jadis les colonies les plus florissantes, la Louisiane, le Canada?... Sans doute. Et ces belles colonies, ce n'est pas elle qui les a abandonnées?

Pendant que l'héroïque Montcalm et sa vaillante armée succombaient sous le nombre dans les plaines de Québec, une cour où dominait l'intrigue disposait souverainement des destins de la France. Bientôt le Canada fut pris et cédé aux Anglais, par un traité à jamais infâme... Non! ce n'est pas la France qui a perdu ses colonies, c'est la corruption et la lâcheté de son gouvernement!

On sait que peu de temps après avoir publié sans nom d'auteur le morceau qui précède, le journal *le Siècle* reçut une lettre de M. le général Bugeaud, qui, en attribuant ce travail à mon honorable collègue et ami,

M. de Tocqueville, en annonça une réfutation (1). Cette circonstance ne me permit pas de garder plus longtemps l'anonyme (2). On peut voir dans *le Siècle* (3) la réponse qui fut en effet, peu de temps après, adressée à ce journal par M. le général Bugeaud. Cette réponse amena de ma part la réplique suivante, dont l'unique mérite est de résumer l'objet du débat, et de préciser la question.

Je ne me propose point de continuer dans la presse, sur la question d'Alger, une polémique, que j'aurais aimée sérieuse et calme, et qui me paraît avoir perdu ce caractère. Dans sa réponse, dont chacun a pu apprécier la forme et le fond, M. le gouverneur-général me fait espérer que nous nous retrouverons prochainement à la tribune de la chambre des députés. J'accepte le rendez-vous. Cependant, sans entrer dans une discussion nouvelle, il me paraît nécessaire de restituer au débat son vrai caractère et de replacer la question sur son véritable terrain.

Et d'abord qu'il me soit permis de faire observer que M. le général Bugeaud prend une situation qui n'est pas tout à fait la sienne, lorsqu'il paraît se plaindre de cette polémique, dans laquelle, dit-il, il ne s'est engagé que parce qu'*il a été provoqué*.

Il me semble que M. le général Bugeaud ne se rappelle pas bien le point de départ de la discussion. Quel est, en effet, ce point de départ? La publication de sa brochure intitulée : *l'Algérie, des moyens de conserver et d'utiliser cette conquête.*

Lorsque M. le général Bugeaud publie purement et simplement les récits de ses campagnes, il a coutume de les voir applaudir. S'il n'échappe pas à la critique, du moins il ne la provoque pas ; et pour mon compte je n'ai jamais songé à entamer une polémique contre ses actes, ou à répondre par

(1) V. *le Siècle* du 28 décembre 1842.
(2) V. *le Siècle* du 30 décembre 1842.
(3) V. *le Siècle* des 8 et 9 janvier 1843.

des articles de journaux aux bulletins de ses victoires. Mais chacun comprend que telle ne saurait être la situation de M. le général Bugeaud, lorsqu'il vient à publier un livre.

Dans ce cas, ce n'est plus le général, ce n'est plus le gouverneur qui parlent : c'est le publiciste. Sans doute l'ouvrage tire une grande autorité du poste et du caractère de son auteur; mais c'est un motif pour rendre l'examen plus sérieux, non pour le supprimer; car on peut dire que si les actes du gouverneur permettent la critique, les théories de l'écrivain la sollicitent; et M. le général Bugeaud, exposant ses plans de guerre en Afrique, son système de gouvernement pour l'Algérie, ses projets économiques et financiers, n'a pas compté sans doute que ses opinions plus ou moins arrêtées, plus ou moins mobiles, sur toutes ces graves matières, seraient acceptées comme des décrets souverains. Des voix se sont élevées pour l'approuver; d'autres, et de beaucoup plus imposantes que la mienne, ont vu dans son œuvre des erreurs et des périls. Mais enfin, qui a engagé le débat?

Maintenant, M. le général Bugeaud, tout en jugeant absurdes les critiques que *le Siècle* a admises dans ses colonnes, ne dédaigne pas d'y répondre. Rien de mieux encore. *Le Siècle* réfutait sa brochure; M. le général Bugeaud réfute *le Siècle*. C'est bien ainsi que se poursuit toute polémique. Mais cette polémique, qui l'a commencée?

Il est encore un autre point que j'essaierai tout d'abord de rectifier. Pour qui lit attentivement la réponse de M. le général Bugeaud, il est clair qu'un de ses principaux arguments est celui-ci : « Mon contradicteur ignore complétement « l'Afrique; il n'y a pas comme moi passé des années; il « n'entend rien à la guerre. Il est sans qualité pour parler de « ce qu'il ne sait pas et ne peut savoir. » Qu'il me soit permis de le dire, ce mode d'argumenter, employé d'une manière générale, est peu acceptable; je ne parle pas de la forme, mais du fond. Je ne chercherai pas à me prévaloir, et je ne me suis point prévalu, du peu de temps que j'ai passé en

Algérie, des choses importantes que je crois y avoir vues, des hommes très-distingués que je suis sûr d'y avoir rencontrés. Je suppose que je ne suis jamais allé en Afrique, et que je me trouve dans la situation où sont placés les écrivains qui dans la presse en parlent, les membres des chambres qui en délibèrent, les ministres qui gouvernent; et je demande si c'est sérieusement qu'on interdira une opinion personnelle sur les affaires d'Afrique à quiconqne n'y aura pas passé quelques années, et fait quelques campagnes.

Mais alors quelle délibération serait donc possible au sein des chambres ou dans les conseils du roi sur la politique à suivre dans les contrées lointaines dépendantes de la métropole? Et comment donc feraient pour délibérer sur les affaires de l'Inde les membres du parlement anglais, qui n'ont jamais fait le voyage de l'Inde, et qui cependant, jusqu'à ce jour, ne mènent pas trop mal les affaires de ce pays? Et à quels signes reconnaîtra-t-on le témoin que l'on doit croire sur parole, et celui dont l'autorité est contestable? Tous les généraux qui ont fait la guerre en Afrique sont-ils d'accord sur ce qu'ils y ont vu et sur ce qu'il faut y faire?

M. le général Bugeaud connaît bien mieux l'Afrique que moi. Cela est très-vrai. Mais M. le général Duvivier connaît bien mieux l'Afrique que M. le général Bugeaud. Cela est encore certain ; et M. le général Duvivier a sur l'Algérie de toutes autres idées que M. le gouverneur général. Que conclure de ceci? Que M. le général Duvivier a raison contre M. le général Bugeaud? — Nullement. Il en résulte cette seule conséquence : c'est que quiconque étudie les affaires d'Afrique doit consulter d'aussi graves témoignages; c'est que les faits ne sont, à la vérité, connus directement que d'un petit nombre, mais que, livrés à la publicité, leur appréciation appartient à tous.

Enfin, j'ai une troisième observation à faire sur la lettre de M. le général Bugeaud. Je ne parle point des personnalités qu'elle contient, si toutefois je puis appeler de ce nom des attaques qui s'adressent toujours à une autre personne que moi, et qui tombent seulement sur l'écrit dont je me trouve l'auteur. J'écarte aussi des plaisanteries qui me paraissent peu dignes d'un aussi grave sujet ; mais c'est, je l'avouerai, avec un sentiment pénible, que j'ai vu M. le général Bugeaud attribuer itérativement à un détestable esprit d'opposition systématique, un travail qui sans doute est défectueux en beaucoup de points, mais n'est que le résumé de longues études, et qui m'a été inspiré par un amour sincère de mon pays, et par la plus profonde conviction ; et c'est ici que je veux très-brièvement rétablir la question telle que je l'ai posée, telle qu'elle doit être maintenue, telle qu'il faudra la discuter, non avec des paroles violentes, mais avec de bonnes raisons.

Oui, j'ai dit que je voyais avec effroi, avec anxiété, la nécessité, déclarée officiellement pour la France, de tenir en Afrique une armée de 80,000 hommes au prix de 80 millions ! et non pas de 80,000 hommes et de 80 millions pour un an, pour deux ans, mais pour une suite d'années dont le terme n'est pas même indiqué ! J'ai dit qu'une pareille charge était pleine de périls pour le pays, j'ai dit qu'elle l'épuisait au dedans, et qu'elle le paralysait au dehors, et j'ai ajouté que la France avait été étrangement abusée dans cette question : car, d'année en année, on lui demandait toujours un nouveau sacrifice comme étant le dernier ; et c'est au moment où la guerre, dit-on, touche à sa fin, que la France apprend qu'il lui faudra autant de forces militaires et autant de dépenses pour régner sur l'Algérie, qu'il lui en fallut pour la vaincre !

J'ai dit encore que si, en effet, il fallait absolument, pour établir en Algérie la domination française, ces 80,000 hommes au prix de 80 millions, sans doute je n'hésiterais pas à les voter, parce que, selon moi, il n'est pas permis à la France, sous peine de honte et de déclin dans le monde, d'échouer dans cette entreprise, la plus grande qu'elle ait aujourd'hui. Mais en même temps, comme je sens tout ce qu'il y a d'accablant pour mon pays dans un pareil fardeau, et que je ne puis, sans frémir, songer aux éventualités politiques qui pourraient amener une affreuse catastrophe, je cherche avec inquiétude, mais aussi avec persévérance, s'il est vrai que, pour rendre en Afrique notre domination solide et féconde, des sacrifices aussi grands, aussi longs, soient absolument nécessaires; si le système que l'on suit est bon, si d'autres moyens moins dangereux et plus efficaces ne pourraient pas être employés.

Et lorsque je me livre sincèrement et sérieusement à cette étude, lorsque, voyant des périls que je crois imminents, je les signale, et que, calculant la probabilité d'un avenir prochain, je montre la progression du mal, les exigences toujours croissantes du système de guerre adopté, et le chiffre de l'armée d'Afrique s'élevant bientôt à 100,000 hommes au prix de 100 millions, c'est-à-dire avec une augmentation perpétuelle de charge, une cause toujours plus grande d'affaiblissement pour la France; lorsque, examinant les prétendus revenus que l'on va, dit-on, tirer de l'Afrique, je n'y vois qu'erreur et illusion; lorsque je discute une aussi immense question, de laquelle dépend l'avenir et peut-être l'indépendance de mon pays, il me faudra subir l'accusation banale d'opposition systématique! J'avoue que je ne la prévoyais pas. Le public jugera si je l'avais méritée.

Il est très-vrai qu'en présence d'un pareil état de choses, je ne puis me préserver d'une grande anxiété, et je serais heureux, je l'avoue, si je pouvais communiquer à mes concitoyens un peu de l'émotion que j'éprouve, et exciter sur cette question l'opinion publique, prompte à s'endormir sur des trophées, et destinée peut-être à se réveiller un jour sur des désastres. Je ne voudrais voir à mon pays ni cette confiance qui égare ni ce découragement qui énerve. En présence des embarras et des périls, je ne lui dis point : Vous avez voulu une folie, soit : on vous mènera jusqu'au bout, puisque tel est votre bon plaisir. Je cherche de toute ma force s'il est vrai que l'entreprise soit folle, et si la folie n'est pas dans l'emploi du moyen dont on se sert et que l'on pourrait éviter. Et en présentant, contre un système que je crois vicieux, des objections qui subsistent et que je n'ai pas soulevées le premier, je provoque une controverse qui ne peut que tourner au profit de la vérité.

Quoique pénétré des difficultés infinies de la question, je ne me suis pas borné à critiquer le plan suivi en Afrique. Quelque défiance que j'aie dans mes propres vues, j'ai dû les proposer. Je les résume en quelques mots.

J'ai toujours cru que la question de notre établissement en Afrique serait résolue le jour où nous aurions groupé autour d'Alger et établi sur le sol une population agricole, suffisante pour faire vivre du produit de ses travaux la ville et l'armée, et rendre ainsi les soldats et les colons indépendants du marché arabe et des secours de la France. Il est évident que là est le nœud de la question. Tant que ceci ne sera pas accompli, l'existence de la colonie et notre empire sur elle sont plus ou moins subordonnés au premier incident qui, en troublant la paix de l'Europe, peut amener une croisière anglaise devant le port d'Alger et soulever les populations indigènes averties de notre péril. C'est donc à établir cette population agricole en Afrique, à l'y appeler, à l'y enraciner le plus rapidement possible, que doivent tendre tous les efforts. Ceci n'est pas une chose utile seulement, c'est une chose nécessaire, urgente. Quelque effort que l'on fasse, quelque hâte que l'on mette, ira-t-on assez vite? aura-t-on le temps? Je ne sais. C'est le secret d'un avenir sombre et voilé à tous les yeux. Mais que du moins on n'ait pas à se reprocher d'irrémédiables retards.

Je comprends bien que la guerre reste toujours l'affaire capitale, essentielle, non comme but, mais comme moyen. Il est bien clair qu'il n'y a pas à coloniser là où la guerre sévit. Mais le succès de nos armes a déjà porté loin d'Alger le théâtre de la guerre; et pendant qu'on fait la guerre là où elle existe, je crois que l'on ne fait pas tout ce que l'on pourrait faire pour coloniser là où la guerre n'est plus.

Je reconnais la nécessité de frapper l'ennemi partout où il se montre et où l'on peut l'atteindre. Il importe sans doute, et je le reconnais, de ne pas laisser se former à côté de nous un peuple hostile et une société ennemie. Mais je ne sais si on sent assez vivement la nécessité encore plus pressante d'installer sur le territoire dont nous sommes maîtres cette population européenne sans laquelle, en dépit de tous les triomphes militaires et de toutes les soumissions, notre établissement en Afrique sera fragile et précaire. C'est sur ce point qu'il me paraît qu'on ne fait pas en Afrique tout ce qui serait à faire. Je n'ai pas dit qu'on ne faisait rien pour préparer la colonisation, mais j'ai soutenu qu'on faisait trop peu ou mal. J'ai dit qu'on employait des moyens peu efficaces, tels que le transport gratuit des colons en Afrique, et des moyens jugés mauvais, tels que les colonies militaires de M. le général Bugeaud ; j'ai dit encore qu'on apportait dans l'emploi des moyens une fâcheuse mobilité, et en preuve j'ai cité l'enceinte, entreprise, à moitié exécutée et abandonnée. Je n'ai point blâmé l'emploi de l'armée aux travaux préparatoires de la colonisation : il est évident qu'à l'heure qu'il est l'armée seule peut les faire, et qu'en les faisant elle rend au pays un immense service ; mais j'ai dit que ces travaux si pénibles pourraient être l'œuvre d'entreprises particulières si le gouvernement de la société en Afrique était placé dans d'autres conditions.

J'ai reconnu tout d'abord, et il faudrait être insensé pour ne pas reconnaître qu'en Afrique la première garantie pour la population européenne vient de l'armée, dont je n'ai jamais médit, et dont nul ne m'entendra jamais calomnier l'héroïsme et le désintéressement. Il est bien clair qu'il ne peut pas y avoir de colonisation sans sécurité, ni de sécurité sans l'armée, qui est et sera longtemps en Afrique le seul bouclier des populations civiles. Mais j'ai ajouté que, pour que la colonisation s'exécute, c'est-à-dire pour qu'un courant sérieux d'émigration s'établisse d'Europe en Algérie, il fallait autre chose que la protection de l'armée; qu'à côté de l'action matérielle de celle-ci, il fallait aussi une protection morale; qu'il ne s'agissait point sans doute de transporter en Afrique le corps des lois françaises; mais, en tenant compte des différences de mœurs, de peuples et de lieux, de créer un commencement de société régulière, où il y eût quelque sûreté pour les personnes et pour les propriétés; en un mot, d'assurer aux émigrants la double protection de la force et du droit : la première offerte par l'armée, la seconde par quelques institutions.

J'ai exprimé l'opinion, qui chaque jour est chez moi plus profonde, qu'il n'arrivera des populations européennes en Algérie que si on y établit un régime qui les attire; et comme il est urgent de les attirer, il me paraît urgent d'employer le moyen duquel leur venue dépend. A la vérité, quelques personnes croient impossible d'instituer en Algérie deux régimes différents, l'un tout militaire et l'autre fondé sur des institutions civiles; et comme la guerre dure encore dans une partie de l'Afrique et que, là où sévit la guerre, il n'y a de possible que le régime militaire pur et simple, on en conclut que ce régime est le seul praticable dans tout le reste de l'Afrique. Cependant de très-bons esprits pensent, et tel est aussi mon sentiment, qu'en même temps que la dictature militaire serait maintenue partout où la guerre est en vigueur, il serait très-facile d'établir à Alger et dans les environs qui, grâce au succès de nos armes, sont déjà loin du théâtre de la guerre, un système de gouvernement qui ne fût point purement arbitraire, et qui offrît aux colons quelque sérieuse garantie.

Ce n'est point ici le lieu de renouveler le débat entre le système du gouvernement civil et le régime militaire. Je rappellerai seulement l'opinion que j'ai exprimée et qui chez moi ne tend qu'à s'affermir, à savoir : que les charges de la colonisation seront tout à la fois lourdes et à peu près stériles tant qu'elle se fera par les seuls capitaux de l'état; que les entreprises de la colonisation ne seront fécondes que le jour où des capitaux particuliers s'y engageront, et que les capitaux privés ne viendront pas en Afrique aussi longtemps qu'y dominera partout le régime militaire. Là-dessus, M. le général Bugeaud me répond qu'on *est beaucoup plus libre à Alger qu'à Paris, où il y a des émeutes.* D'où l'on peut induire qu'aux yeux de M. le général Bugeaud ce sera un véritable progrès lorsqu'on importera à Paris le régime libéral qui est en vigueur à Alger.

A cela je n'ai rien à répliquer. Je ne ferai point à mon pays, qui, Dieu merci, est encore un pays libre, l'injure de discuter sérieusement la comparaison que l'on prétend établir entre lui et une colonie où il n'est pas de citoyen, pas même de magistrat qui ne puisse être expulsé du territoire sous le bon plaisir du chef militaire, et où il n'existe pas un seul propriétaire qui ne puisse être dépossédé de son champ ou de sa maison sans indemnité préalable et sans recours possible à la justice.

FIN.

IMPRIMERIE DE H. FOURNIER ET Ce,

RUE SAINT-BENOIT, 7.